N° 28

BUREAU D'ÉTUDES PARLEMENTAIRES
15, rue de la Ville-l'Évêque.

# NOTE

RELATIVE AUX

## EMPRUNTS DÉPARTEMENTAUX ET COMMUNAUX

Examen de la proposition de loi de M. Siegfried
et de plusieurs de ses Collègues

AYANT POUR OBJET

LA CRÉATION D'UNE CAISSE DES EMPRUNTS DÉPARTEMENTAUX ET COMMUNAUX

## LE CRÉDIT COMMUNAL BELGE

PARIS

IMPRIMERIE ET LIBRAIRIE ADMINISTRATIVES ET CLASSIQUES

Paul DUPONT

4, RUE DU BOULOI, 4

1892

N°. 28

# BUREAU D'ÉTUDES PARLEMENTAIRES
## 15, rue de la Ville-l'Évêque.

# NOTE

RELATIVE AUX

## EMPRUNTS DÉPARTEMENTAUX ET COMMUNAUX

Examen de la proposition de loi de M. Siegfried
et de plusieurs de ses Collègues.

AYANT POUR OBJET

### LA CRÉATION D'UNE CAISSE DES EMPRUNTS DÉPARTEMENTAUX ET COMMUNAUX

## LE CRÉDIT COMMUNAL BELGE

## PARIS
IMPRIMERIE ET LIBRAIRIE ADMINISTRATIVES ET CLASSIQUES

### Paul DUPONT
4, RUE DU BOULOI, 4

1892

BUREAU D'ÉTUDES PARLEMENTAIRES

15, rue de la Ville-l'Evêque.

# NOTE

RELATIVE

## AUX EMPRUNTS COMMUNAUX ET DÉPARTEMENTAUX

**Examen de la proposition de loi de M. Siegfried et de plusieurs de ses Collègues**

AYANT POUR OBJET

### LA CRÉATION D'UNE CAISSE DES EMPRUNTS DÉPARTEMENTAUX ET COMMUNAUX

## LE CRÉDIT COMMUNAL BELGE

La proposition de M. Siegfried et de plusieurs de ses collègues a pour point de départ la constatation de l'anomalie qui existe entre les conditions auxquelles sont conclus les emprunts départementaux et communaux et celles dont bénéficient les emprunts d'État.

« L'Etat emprunte à 3.20 0/0 en moyenne, tandis que les départements « et les communes ne peuvent trouver de fonds qu'à 4 0/0, 4.25 0/0 et, il « y a peu de temps encore, à 4.50 0/0, 4.75 0/0 et même 5 0/0. »

Les emprunts départementaux et communaux (1) présentent une sécurité quasi absolue, au moins égale à celle des emprunts de l'Etat, devraient rencontrer des conditions aussi favorables, c'est-à-dire trouver à être réalisés à un taux voisin de 3.10 à 3.20 0/0.

---

(1) Ils sont garantis par les impôts et rentrent dans les dépenses obligatoires.

Cette conclusion n'est pas exactement celle de la proposition de M. Siegfried et de ses collègues, qui estiment — il s'agit là d'une simple appréciation — que le taux de tels emprunts paraît pouvoir être fixé à 3.50 0/0.

Il semble que la raison de cette différence doit être cherchée dans la préoccupation du second résultat qu'on s'est donné pour but d'atteindre, celui d'offrir à une partie des fonds disponibles des caisses d'épargne un placement plus productif que la rente.

Examinant, en effet, le mode d'emploi des fonds des caisses d'épargne, les auteurs de la proposition constatent que la plus grande partie des placements se fait en rentes, dont les cours actuels font ressortir le taux d'intérêt à 3.17 0/0 pour le 3 0/0 ordinaire et à 3.12 0/0 pour l'amortissable.

Ils sont dès lors amenés, on pourrait dire entraînés, à faire le rapprochement suivant :

D'une part, les départements et les communes sont obligés d'emprunter à un taux égal ou supérieur à 4 0/0 ; d'autre part, les fonds disponibles des caisses d'épargne ne trouvent d'emploi qu'à un taux voisin de 3 0/0.

De là à regarder, comme la conclusion naturelle de ce rapprochement, l'idée de prêter les fonds des caisses d'épargne aux départements et aux communes, à un taux d'intérêt inférieur à 4 0/0 et supérieur à 3 0/0, soit à 3.50 0/0, il n'y a qu'un pas que l'on a franchi. On s'est laissé séduire par le double profit qui résulterait d'un semblable taux : emprunts moins onéreux pour les départements et les communes, placement plus avantageux pour les caisses d'épargne.

Le vice de ce système, c'est qu'il repose tout entier sur la comparaison de deux faits ne présentant aucune connexion entre eux.

Les conditions des emprunts départementaux et communaux forment une question, le mode de placement des fonds des caisses d'épargne en constitue une autre ; et la solution de la première ne doit être en aucune manière influencée par le désir de régler la seconde d'une façon particulière.

Si, en effet, il est prouvé — comme les auteurs de la proposition paraissent l'avoir fait — « que les obligations des départements et des « communes sont aussi solides que les rentes de l'État ; que même — ainsi « qu'ils le font eux-mêmes observer — on ne peut hésiter à dire que pour « certains placements, qui doivent être remboursés en capital à un moment

« donné, ces obligations, qui sont remboursables à échéances fixes, sont un
« placement préférable à des rentes perpétuelles dont les cours sont
« variables » ; s'il est prouvé, en un mot, que les obligations départementales
et communales sont aussi sûres que les rentes, et supérieures à elles au
point de vue de leur valeur capitale certaine, la conclusion à tirer de ce fait,
c'est qu'il faut rechercher, dans le but d'y remédier, les causes des conditions
défavorables que subissent les départements et les communes, de manière à
faire bénéficier ces derniers de conditions au moins aussi favorables que
celles dont jouit l'Etat.

Il ne faut pas que sous la pression consciente ou inconsciente de l'idée de
fournir aux caisses d'épargne un placement de leurs fonds supérieur à celui
qu'elles trouvent dans les rentes, on s'arrête en chemin, et que l'on néglige
d'aller jusqu'au bout, c'est-à-dire jusqu'à assurer aux départements et aux
communes les **conditions les meilleures**, auxquelles la solidité de leur
crédit leur donne le droit de prétendre, et non pas seulement de **meilleures
conditions**.

Quant aux caisses d'épargne, profiteront-elles ou ne profiteront-elles pas
de la réforme? C'est une autre affaire. Observons, cependant, qu'elles
trouveraient avantage à placer leurs fonds en obligations communales dont
la **valeur capitale de remboursement est fixe**, tandis que la **valeur de
réalisation des rentes est variable**, et que, par cette considération, on
devrait les autoriser à faire de tels placements et rendre, dans ce but,
négociables lesdites obligations.

En définitive, il convient d'étudier la question des emprunts départementaux et communaux en elle-même, indépendamment de celle de l'emploi
des fonds des caisses d'épargne.

Pour la résoudre, ou tout au moins pour essayer de dégager les premiers
éléments de sa solution, le point essentiel à élucider au préalable est, ainsi
que nous le disions tout à l'heure, celui-ci :

**Pourquoi les départements et les communes ne trouvent-ils à emprunter
qu'à un taux supérieur à celui des emprunts de l'Etat?**

« La raison de cette différence, dit l'exposé des motifs, réside tout entière
« dans ce fait que les départements et les communes, hésitant toujours à
« faire une émission publique, soit à cause de l'exiguïté de la somme à
« emprunter, soit à cause des frais qu'entraîne le service des emprunts, sont

« obligés d'avoir recours au Crédit Foncier qui se trouve ainsi avoir le
« monopole de ces opérations et impose ses conditions. »

Cette raison n'en est pas précisément une ; elle n'est que la constatation
d'un état de choses fâcheux, mais elle n'en est pas l'explication. Elle nous
fait savoir que les départements et les communes ont plus d'avantage à
emprunter au Crédit Foncier, même à un taux relativement élevé, qu'à
s'adresser directement au public ; elle ne nous dit pas pourquoi l'appel
direct au public donnerait de moins bons résultats.

La véritable raison, la seule qu'il est intéressant de dégager, doit montrer
pourquoi les départements et les communes ne sauraient trouver, à l'heure
actuelle, des conditions meilleures que celles du Crédit Foncier. Une fois,
en effet, cette raison connue, on découvrirait apparemment les moyens de
supprimer les obstacles qui empêchent départements et communes de
bénéficier des garanties de solvabilité absolue qu'ils offrent, d'user de leur
crédit dans toute sa plénitude ; on toucherait à la solution désirée.

Cette raison il est facile de la découvrir pour peu qu'on se représente un
emprunt départemental ou communal tenté par voie d'émission directe.
Elle consiste en ce que les départements et les communes qui empruntent
**individuellement** sont dans une situation analogue à celle des particuliers. La
faible étendue du marché sur lequel ils peuvent négocier leurs obligations
diminue leur faculté d'emprunt, paralyse l'exercice de leur crédit. Il ne
viendra jamais à l'idée d'un capitaliste, habitant Lille, de souscrire à un
emprunt de la ville de Carcassonne, encore moins à celui d'une petite commune du Nord, de souscrire des obligations d'une petite commune du Midi.
C'est trop loin. De même en ce qui concerne les départements entre eux,
quoique à un moindre degré.

Mais il y a plus, n'est-on pas fondé à affirmer que, si un département
conserve une certaine étendue de marché, limitée à son propre territoire,
une commune ne jouit, la plupart du temps, d'aucun marché, quelle que soit
sa solvabilité ? D'une part, elle ne peut trouver bon accueil auprès de
capitalistes d'autres communes parce qu'ils ne s'intéressent pas à ses
affaires ; d'autre part, elle ne saurait en rencontrer un meilleur auprès de
ses propres habitants par une raison opposée, d'ordre politique et social.
Si l'on excepte les grandes villes, en effet, tout le monde se connaissant dans
une commune, il suffirait de devenir créancier de ses concitoyens, pour

être en butte à toutes sortes de vexations dont le vote du budget serait chaque année le signal. On n'aime pas s'exposer à de tels désagréments : les capitalistes préfèrent, en général, faire des placements ayant un caractère en quelque sorte anonyme.

Ainsi les départements disposent pour leurs emprunts d'un marché restreint, et les communes ne possèdent aucun marché. Voilà la raison essentielle qui porte départements et communes à s'adresser au Crédit Foncier, ou à la Caisse des Dépôts et Consignations (1), à la concurrence de laquelle on doit en grande partie la modération relative du premier.

Cette cause connue, le remède apparaît de lui-même. Il consiste à mettre départements et communes à même d'emprunter **non plus individuellement, mais collectivement**, en unifiant tous les emprunts départementaux et communaux au moyen d'un titre à créer, de type unique, qui, jouissant du crédit de l'ensemble des départements et des communes, crédit aussi solide que celui de l'Etat, et représentant des créances sur l'ensemble du pays et non plus sur tel département ou telle commune grande ou petite, seraient susceptibles d'avoir un marché presque aussi étendu que celui des rentes. Il y a tout lieu de croire, en effet, que des obligations émises dans ces conditions trouveraient preneur au début sur tout le territoire, et ne tarderaient pas à être accueillies avec faveur même à l'étranger.

Le remède, dira-t-on, n'est pas nouveau ; l'unification des emprunts départementaux et communaux est déjà réalisée par le Crédit Foncier lui-même. Il en est bien ainsi, en apparence, mais au fond c'est bien différent. Les obligations communales émises par le Crédit Foncier ne sont en effet communales que de nom, ce sont des obligations du Crédit Foncier et pas du tout des obligations des communes ; ce sont des obligations du Crédit Foncier qui bénéficient d'un certain avantage sur les autres valeurs du même établissement (2) grâce à la garantie des impôts communaux supérieure à

(1) Au 31 décembre 1890, le solde des prêts aux départements, communes et établissements publics était de 84 millions 207,664 fr. 76.

| (2) OBLIGATIONS DU CRÉDIT FONCIER | LUNDI 25 | MARDI 26 | MERCREDI 27 | JEUDI 28 | VENDREDI 29 | SAMEDI 30 |
|---|---|---|---|---|---|---|
| Communales 3 0/0 1879 | 484 fr. | 483 fr. 50 | 484 fr. | 484 fr. | 482 fr. | 482 fr. |
| Foncières 3 0/0 1879 | 480 » | 479 » | 480 » | 479 » | 480 » | 478 » |

(D'après le *Journal des Rentes et Valeurs*, 31 janvier 1892.)

celle des immeubles hypothéqués, mais ce n'en sont pas moins des obligations du Crédit Foncier. Elles profitent de la confiance qu'il inspire, mais elles supportent aussi les inconvénients des opérations nombreuses auxquelles il se livre et qui dans une certaine mesure peuvent diminuer son crédit; de ce chef, fles communes n'arrivent pas à jouir de conditions d'emprunt aussi bonnes que celles qu'elles pourraient obtenir, si elles avaient la faculté de s'adresser au public directement avec l'intégralité de leurs sûretés.

En résumé, il faudrait, au moins pour l'avenir, unifier les emprunts départementaux et communaux dans des conditions telles qu'ils puissent se présenter sans intermédiaire sur le marché général des capitaux; c'est-à-dire **sous la forme d'obligations souscrites par l'ensemble des départements et des communes**. Lorsque nous disons : sans intermédiaire, nous entendons : sans interposition de personnes opérant pour leur propre compte, mais non sans interposition de personnes agissant au nom des départements et des communes. Dans le cas actuel, il semble, en effet, à peu près impossible de se passer des services d'un mandataire ou gérant.

La solution générale que nous venons d'exposer soulève une objection de premier ordre à laquelle il convient de répondre par l'indication de la mesure qui nous paraît propre à la faire complètement tomber. L'application du système proposé dépend tout entier, en effet, de l'accueil réservé par le public à de nouvelles obligations des emprunts départementaux et communaux, jusqu'à ce jour inconnues de lui. Or, si l'on envisage la lenteur avec laquelle les meilleures valeurs trouvent à s'acclimater, on devra conserver quelque doute sur la possibilité de mettre en pratique le système préconisé, quelque bien fondé qu'il soit au point de vue de la raison. L'objection est sérieuse, nous ne nous le dissimulons pas, mais elle ne nous semble pas non plus insurmontable; nous irons même plus loin, nous croyons qu'elle peut être entièrement écartée en faisant intervenir un facteur dont on connaît la puissance : **la garantie de l'État** que l'on pourrait attacher aux obligations des emprunts départementaux et communaux, comme elle l'est aux obligations des chemins de fer. Cette garantie, l'État ne la refuserait certainement pas, puisqu'elle n'engagerait à aucun degré sa responsabilité effective, pécuniaire, grâce à la solidité absolue des dettes départementales et communales.

L'Etat, en donnant sa garantie, n'assumerait donc par là aucune charge réelle, capable de diminuer son propre crédit, et ferait profiter les obligations dont il s'agit, de la séduction qu'exerce auprès de la grande majorité du public, particulièrement auprès de la petite épargne, cette formule magique : **garantie de l'Etat** ; l'effet moral serait produit et le résultat visé du placement facile des obligations serait obtenu.

On devrait ensuite, pour l'assurer complètement, investir les obligations communales des mêmes privilèges que les rentes, obligations de chemins de fer et valeurs dites de tout repos, en ce qui concerne l'emploi des fonds des mineurs, des caisses d'épargne et des Sociétés, etc., etc.

Quant aux moyens pratiques d'arriver à ce résultat, il en existe plusieurs, entre lesquels il est peut-être assez malaisé de choisir *a priori*. Les auteurs de la proposition qui fait l'objet de cette note demandent la création d'une Caisse des Emprunts départementaux et communaux dont la Caisse des Dépôts aurait l'administration. Mais l'opinion n'est pas favorable au système des caisses proprement dites, il suffirait de confier à la Caisse des Dépôts le compte de gestion des emprunts départementaux et communaux. Sans vouloir examiner par le détail cette combinaison qui soulève certaines critiques, il convient de recommander à l'attention du législateur une combinaison différente qui a pleinement réussi et qui depuis plus de trente ans a fait ses preuves, nous voulons parler du **Crédit Communal Belge**.

Pour décrire cette institution dans son principe et dans son application nous ne saurions mieux faire que de citer la plus grande partie du rapport du 5 décembre 1860 adressé au roi par M. Frère Orban, ministre des finances, au moment de sa création. Au surplus, ce rapport sera la confirmation la plus complète de la conclusion générale à laquelle nous avons été conduits précédemment ; il viendra, par conséquent, lui donner un supplément de force.

## LE CRÉDIT COMMUNAL BELGE

« Les communes, à l'exception des grandes villes, écrivait M. Frère « Orban, rencontrent généralement des difficultés lorsqu'elles doivent « recourir au crédit...

« Pour faciliter à ces communes la réalisation d'emprunts à des condi- « tions avantageuses et leur procurer les moyens de conversion ou de rem-

3

« boursement de leurs dettes anciennes, il conviendrait de **centraliser ces**
« **opérations,** de les ramener à l'**uniformité du titre** et de donner pour base
« aux combinaisons financières l'amortissement par annuités, de manière
« à mettre les charges annuelles en harmonie avec les ressources : sans
« cette condition, il n'est guère possible d'élever au niveau du crédit des
« grandes villes celui des autres communes du royaume.

« De même que l'Etat, les communes, pour se libérer des emprunts, ont
« besoin d'échelonner les payements sur un grand nombre d'années. Géné-
« ralement, en effet, elles empruntent pour immobiliser, pour faire des pla-
« cements fixes, des améliorations, et leurs ressources ne se composant
« que de revenus annuels, et non de capitaux disponibles, c'est sur ces
« revenus qu'elles doivent faire les prélèvements nécessaires à l'extinction
« graduelle de leurs dettes. Or, le mode d'amortissement par annuités n'est
« guère praticable que lorsqu'il s'agit d'emprunts ayant une certaine impor-
« tance, et il n'est pas possible de l'approprier à de petits emprunts qui se
« contractent isolément.

« C'est là déjà une des causes de la supériorité du crédit des grandes
« villes. Réaliser un emprunt n'est pas, pour elles, une difficulté sérieuse.
« L'agglomération des capitaux, leur abondance, produites par le dévelop-
« pement de l'industrie et les transactions de toute nature qui s'effectuent
« dans les grands centres de population; la circonstance qu'il y a là un
« public éclairé, au courant des ressources de la ville, à même de juger
« des garanties qu'elle présente et habitué à ce genre d'opérations; les
« facilités qu'on y trouve pour la négociation à la Bourse des obligations, le
« payement des intérêts et du capital, ce sont là des avantages qui font
« complètement défaut aux communes rurales, et qui permettent à certaines
« villes chefs-lieux de trouver assez facilement des ressources par le crédit.

« Ces considérations démontrent la nécessité d'asseoir le crédit des
« communes sur des bases solides et sûres.

« Le mode qui se présentait le plus naturellement à l'esprit consistait à
« faire centraliser par le Gouvernement, à certaines époques, tous les
« emprunts autorisés par les communes qui manifesteraient le désir de se
« servir de son intermédiaire, et de **réaliser les emprunts au moyen de**
« **l'émission de titres uniformes.**

« L'organisation de la Trésorerie, celle de la Caisse des Dépôts et Consi-

« gnations et du service du caissier de l'Etat offriraient des facilités incon-
« testables, d'abord pour l'émission des titres, puis pour le payement des
« intérêts, des primes ainsi que pour l'amortissement du capital.

« Mais cette confusion d'attribution serait sujette à des inconvénients pour
« le Trésor public. En se chargeant de l'émission des titres de la dette des
« communes, le Gouvernement ne se rendrait-il pas, au moins moralement,
« responsable de l'exécution régulière des engagements contractés vis-à-vis
« des porteurs de ces titres ? Ce cumul du service de la dette publique avec
« celui des dettes communales aurait l'inconvénient, du reste, de faire surgir,
« de la part des administrations locales, dans les moments de crise, soit des
« réclamations tendant à obtenir des subsides, soit des sursis au payement
« des annuités.

« Ces raisons ont fait renoncer à une combinaison dont les avantages,
« tout bien considéré, seraient loin de contrebalancer les embarras qui en
« résulteraient nécessairement pour le Gouvernement.

« Dans l'intervalle, divers projets surgirent. Plusieurs, ayant pour but la
« spéculation, établissaient entre les communes et les prêteurs, un inter-
« médiaire soit des maisons de banque, soit des Sociétés d'actionnaires
« constituées sous la forme anonyme ; un autre, pour éviter cet intermédiaire,
« formait un lien social entre les communes elles-mêmes, et, fondant leurs
« engagements sur le principe de la solidarité et de la mutualité, chaque
« commune devenait ainsi responsable de tous les emprunts contractés par les
« communes associées, à concurrence du montant de leurs obligations
« respectives.

« Aucun de ces projets n'était admissible dans les conditions proposées.

« Dans le système des Sociétés d'actionnaires, les communes auraient à
« supporter, **indépendamment de l'intérêt normal la charge des bénéfices**
« **plus ou moins élevés que l'actionnaire prélèverait sur l'opération ;** tandis
« que la mutualité, appliquée de la manière indiquée, était de nature à porter
« atteinte à l'indépendance de la commune, en ce sens que l'engagement la
« rendait responsable, dans de trop fortes proportions, et pendant toute la
« durée des emprunts, de l'exécution d'obligations qui lui étaient étrangères.

« Le Crédit communal exige des conditions toutes autres que celles qui
« conviennent au Crédit commercial et industriel. Les Sociétés fondées sur
« la mutualité du crédit, font l'escompte de promesses ou d'effets à courte

« échéance ; les associés ne sont engagés que pour trois mois, à l'expiration de
« ce terme, ils peuvent se retirer, liquider leur dette et, par suite, mettre fin
« au double engagement résultant, d'une part, de leurs propres opérations,
« d'autre part, de la garantie de celles de leurs coassociés.

« Mais les communes, obligées de contracter par l'amortissement des
« emprunts, des engagements qui embrassent une période de cinquante, à
« soixante ans, se trouveraient solidairement tenues, à concurrence du capital
« emprunté, des engagements des communes faisant partie de l'association.
« La mutualité appliquée aux communes aurait été impraticable dans de
« pareilles conditions.

« Je ne parlerai point des autres imperfections que ces divers projets
« révélaient.

« Il s'agissait donc de trouver une combinaison qui, en évitant les incon-
« vénients des propositions que nous avons eues sous les yeux, présentât
« tous les avantages que l'on avait en vue de procurer aux communes.

« Créer une Société anonyme dont les actions seraient exclusivement
« possédées par les communes, c'était, tout à la fois, limiter dans une juste
« mesure les risques à courir, et assurer aux communes seules les béné-
« fices que pouvait espérer une réunion de capitalistes. Ainsi se trouve
« exclue la solidarité, qui, en engageant la responsabilité de la commune
« pour des intérêts qui ne sont pas les siens, en obligeant les communes les
« unes envers les autres, les ferait sortir de la sphère d'action que la loi
« leur assigne. Et quant à la mutualité, la garantie qu'elle donne se trouve
« remplacée avantageusement par une mise sociale qui, selon toute
« probabilité, n'excédera pas, pour chaque emprunt, le montant d'une
« annuité.

« Ayant fait élaborer un projet de statuts reposant sur ce principe, je
« l'ai soumis aux lumières d'hommes compétents... qui ont arrêté défini-
« tivement les statuts de la nouvelle Société...

« Le projet... réunit, pour les communes, toutes les conditions requises
« afin d'organiser solidement leur crédit : **unité de titre et de direction,**
« **mode d'émission uniforme, égalité de conditions d'association pour**
« **toutes les communes, centralisation des emprunts, donc facilité de**
« **négociation,** et enfin, moyen pratique d'opérer l'amortissement. Et pour

« obtenir ces avantages, les communes ne doivent contracter d'autre obliga-
« tion que celle d'acquitter les annuités, le fonds de garantie, composé au
« moyen d'une faible retenue opérée lors de la négociation de l'emprunt,
« répondant de la régularité des payements.

« Ce fonds de garantie est divisé en actions qui sont possédées exclusi-
« vement par les communes associées...

« D'après les statuts, le gouvernement s'est réservé la première nomina-
« tion des administrateurs. »

Telle est l'institution fort remarquable qui depuis plus de trente années ·
fonctionne en Belgique avec la régularité la plus parfaite et des avantages
inestimables pour les communes:

« De 1862 à 1879, la Société du Crédit communal a subordonné ses
« prêts au payement de 66 annuités de 5 0/0 du capital pour le service
« des intérêts et de l'amortissement.

. . . . . . . . . . . . . . . . . . . . . . .

« Le développement de son crédit et la diminution du prix du loyer des
« capitaux ont fourni à la Société le moyen d'accorder aux communes de
« nouveaux avantages qui ont fait l'objet des circulaires... du 15 octobre
« 1879 et du 8 novembre 1881. Le taux des 66 annuités pour le service des
« emprunts a été réduit de 5 à 4 1/2 0/0... ; en outre, un mode moins long
« d'amortissement, qui consiste en 33 annuités de 5 3/4 0/0, intérêts com-
« pris, a été également admis.

. . . . . . . . . . . .

« Continuant à suivre la même voie, la Société vient de réduire comme
« suit le taux total des annuités... à 4 0/0 pour les prêts remboursables en
« 66 ans, et à 5 1/2 0/0 pour les prêts remboursables en 33 ans.

. . . . . . . . .

« Les nouvelles obligations de la Société de Crédit communal seront
« émises à 3 0/0, remboursables au pair, sans primes ni lots ; . . . . . » (1)

On voit le résultat obtenu : emprunt au pair à 3 0/0 ; prêt à 4 0/0, et
d'autre part tous les bénéfices résultant de l'écart entre ces deux taux, après
prélèvement des frais généraux, revenant encore aux communes elles-

(1) Circulaire du Ministre de l'Intérieur et de l'Instruction publique, n° 40784, 23 juillet
1886.

mêmes en diminution de cette charge brute de 4 0/0 qui comprend l'intérêt et l'amortissement.

La Société, en effet, a été constituée sans aucune ressource et sans capital autre que celui provenant du prélèvement de 5 0/0 opéré sur le montant de chaque prêt, et converti en actions au profit de l'emprunteur.

Ce capital s'élève actuellement à 6,610,400 francs ; en outre du dividende de 5 0/0 payé annuellement aux actionnaires, il leur a été distribué en 1885 et 1888, au prorata de ce dividende, une somme de 1,519,838 fr. 55 prélevée sur le fonds de réserve (art. 19 des statuts). L'importance du fonds de réserve n'est pas moindre de 7,304,087 fr. 38.

Pour préciser davantage les bénéfices offerts aux communes par le Crédit communal belge, citons l'exposé publié à la suite de la circulaire précédente, exposé qui prend comme base un emprunt de 1 million.

*Calculs comparatifs des sommes à payer par une commune pour un emprunt de 1 million de francs, représenté par 66 annuités égales à 4 0/0 de la somme prêtée.*

« 1° L'emprunt étant contracté en dehors de l'intervention du Crédit
« Communal :

« Outre les 66 annuités de 40,000 francs, s'élevant ensemble à 2,640,000
« francs, la commune assume la charge de l'administration de l'emprunt,
« ainsi que les frais et embarras du service des intérêts et de l'amortissement,
« charges et frais auxquels le Crédit Communal pourvoit gratuitement pour
« elle.

« 2° L'emprunt étant contracté par l'entremise du Crédit Communal : La
« commune, pour obtenir cette somme d'un million, doit payer :

|  | Par an. | Total. |
|---|---|---|
| « 66 annuités de 4 0/0 sur 1,052,700 francs, « ou . . . . . . . . . . . . . . . . . Fr. | 42.108 | soit Fr. 2.779.128 |
| « mais la commune touchera un dividende de « 5 0/0 sur les actions, ou . . . . . . . | 2.635 | soit Fr. 173.910 |
| « La commune n'aura à payer en réalité que « 66 annuités de 3.94 0/0, ou . . . . . Fr. | 39.473 | soit Fr. 2.605.218 |
| « dont il y a lieu de déduire la valeur nominale des actions soit Fr. | | 52.700 |
| | | 2.552.518 |

« L'avantage en faveur du Crédit Communal se chiffre ainsi pour la
« commune par 87,482 francs, abstraction faite du bénéfice à retirer du fonds
« de réserve du Crédit Communal s'élevant à 5,494,853 fr. 70, chiffre supé-
« rieur au capital-actions, malgré la distribution faite l'année dernière entre
« les deux provinces et les 1,193 communes actionnaires de la Société, d'une
« somme de 1,105,917 fr. 70, qui est égale au tiers de la somme de 3,317,753
« francs 06, montant du dividende de 5 0/0 réparti depuis 1862. »

(Extrait des documents relatifs à la Société du Crédit Communal Belge.)

## CONCLUSION

Quels seraient maintenant pour les communes françaises les bénéfices
que pourrait procurer l'application du système belge ? Il est difficile de les
chiffrer d'une manière rigoureuse, on peut toutefois fournir quelques indica-
tions à leur égard :

Ils se composent évidemment de deux éléments :

1° Economie de la partie des dividendes que recueillent les actionnaires
du Crédit Foncier, du chef des emprunts départementaux et communaux ;

2° Abaissement du taux de l'intérêt, abaissement certain, puisque l'ensemble des départements et des communes étant à l'abri des risques que le
Crédit Foncier est susceptible de courir par suite des opérations et spécu-
lations multiples auxquelles il se livre, leur crédit est supérieur au sien
et ne devrait plus être désormais empêché de s'exercer librement avec la
plénitude de ses avantages.

Dans quelle limite cet abaissement se produirait-il ?

Le seul élément d'appréciation propre à ne pas égarer l'opinion sur
ce point est le taux auquel ressortent les obligations des Compagnies de
chemins de fer et les obligations communales du Crédit Foncier. Voici les
chiffres, d'après les cours moyens du 25 au 30 janvier 1891. Les calculs
sont établis sur l'intérêt brut de 3 0/0 sans déduction des impôts, pour
rendre les résultats comparables avec ceux de la rente.

| VALEURS | PAIR | COURS | INTÉRÊT BRUT | TAUX D'APRÈS LE COURS et L'INTÉRÊT BRUT | INTÉRÊT NET (oblig. port.) | TAUX D'APRÈS LE COURS et L'INTÉRÊT NET |
|---|---|---|---|---|---|---|
| Oblig. Est 3 0/0 nouv. . . . | 500 | 444 37 | 15 | 3.37 0/0 | 13.544 | 3.047 0/0 |
| — Lyon 3 0/0 fus. nouv.. | 500 | 447 41 | 15 | 3.35 0/0 | 13.52 | 3.021 0/0 |
| — Midi 3 0/0 nouv.. . . | 500 | 451 77 | 15 | 3.32 0/0 | 13.52 | 2.992 0/0 |
| — Nord 3 0/0 . . . . . . | 500 | 449 50 | 15 | 3.33 0/0 | 13.516 | 3.006 0/0 |
| — Orléans 3 0/0 nouv. . | 500 | 452 62 | 15 | 3.31 0/0 | 13.52 | 2.987 0/0 |
| — Ouest 3 0/0 nouv. . . | 500 | 448 58 | 15 | 3.34 0/0 | 13.528 | 3.015 0/0 |
| Moyennes. . . . | | | | 3.336 0/0 | . . . . | 3.011 0/0 |
| Oblig. Comm. 1860 3 0/0 . . | 500 | 504 50 | 15 | 2.97 0/0 | 13.40 | 2.656 0/0 |
| — — 1860 3 0/0 . . | 100 | 105 25 | 3 | 2.85 0/0 | 2.67 | 2.536 0/0 |
| — — 1879 3 0/0 . . | 500 | 483 25 | 15 | 3.10 0/0 | 13.46 | 2.785 0/0 |
| — — 1880 3 0/0 . . | 500 | 479 » | 15 | 3.13 0/0 | 13.46 | 2.81 0/0 |
| — — 1891 3 0/0 . . | 400 | 394 » | 12 | 3.045 0/0 | » | |
| Moyennes . . . . | | | | 3.019 0/0 | . . . . | 2.696 0/0 |
| Rente 3 0/0 ancienne . . . . | 100 | 95.34 | 3 | 3.14 0/0 | | |
| — 3 0/0 nouvelle . . . . | 100 | 94.48 | 3 | 3.17 0/0 | | |
| — 3 0/0 amortissable . . | 100 | 96.41 | 3 | 3.11 0/0 | | |
| Moyenne . . . . | | | | 3.14 0/0 | | |

Ces chiffres sont particulièrement intéressants, ils montrent qu'à prendre les résultats bruts, les obligations communales du Crédit Foncier reviennent à un taux sensiblement inférieur à celui des obligations des chemins de fer et même à celui de la rente. Il est juste d'observer que les primes et les lots attachés aux obligations communales contribuent pour une part à la modicité du taux, mais il ne paraîtra pas présomptueux d'affirmer qu'en tenant compte de cet élément, ces obligations pourraient ressortir sur le marché à un taux inférieur ou tout au plus égal à 3 0/0 comme en Belgique. Les communes auraient dès lors la faculté d'emprunter à un taux inférieur ou égal à 4 0/0 qui, si l'on fait état des dividendes à répartir entre les communes associées au prorata de leurs emprunts, ne reviendrait pas à plus de 3.75 ou 3.80 0/0, **amortissement compris** en 66 ans.

A l'heure actuelle, au contraire, elles sont obligées de subir le taux de 4.30 ou 4.40 0/0 **sans compter** l'amortissement, qui élève ce taux à 4.88 et 4.96 pour un amortissement en 50 ans.

Les communes gagneraient donc facilement 1 0/0.

2 avril 1892.

Paris, Impr. PAUL DUPONT. 310.3.92 T

.

www.ingramcontent.com/pod-product-compliance
Lightning Source LLC
Chambersburg PA
CBHW060730280326
41933CB00013B/2588